anythink

D0460696

Animales en mi patio

# Las palomas

Aaron Carr

El enriquecido libro electrónico AV² te ofrece una experiencia bilingüe completa entre el inglés y el español para aprender el vocabulario de los dos idiomas.

This AV² media enhanced book gives you a fully bilingual experience between English and Spanish to learn the vocabulary of both languages.

**Spanish**

**English**

# Navegación bilingüe AV²
## AV² Bilingual Navigation

**CERRAR**
CLOSE

**INICIO**
HOME

**OPCIÓN DE IDIOMA**
LANGUAGE TOGGLE

**CAMBIAR LA PÁGINA**
PAGE TURNING

**VISTA PRELIMINAR**
PAGE PREVIEW

**2**

# Animales en mi patio
# Las palomas

## ÍNDICE

Esta es la paloma.

Se la puede encontrar en las ciudades de todo el mundo. A algunas palomas se las llama tórtolas.

Cuando era joven, vivía con su papá y su mamá en un nido.

En el nido, sus papás la cuidaron durante tres semanas.

Tiene alas fuertes.

Sus fuertes alas la ayudan a volar muy rápido.

Siempre sabe
hacia dónde vuela.

Sabiendo hacia dónde vuela,
puede encontrar el camino a casa.

Tiene un muy buen sentido del oído.

Por tener un muy buen sentido del oído, puede oír sonidos que las personas no oyen.

Tiene muy buena visión.

Por su excelente visión, puede ver en casi todas las direcciones al mismo tiempo.

Busca comida en el suelo.

Allí encuentra semillas y granos para comer.

Hace su nido en lo alto de los edificios.

Allí en lo alto, está protegida de los demás animales.

Si te encuentras con una paloma, puede ir hacia ti para pedirte comida.

Si te encuentras con una paloma, no la alimentes.

# DATOS SOBRE LAS PALOMAS

Estas páginas contienen más detalles sobre los interesantes datos de este libro. Están dirigidas a los adultos, como soporte, para que ayuden a los jóvenes lectores a redondear sus conocimientos sobre cada animal presentado en la serie *Animales en mi patio*.

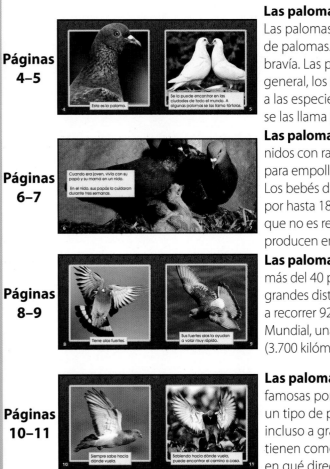

**Páginas 4–5**

**Las palomas se pueden encontrar en las ciudades de todo el mundo.** Las palomas urbanas suelen llamarse palomas callejeras. Hay más de 250 especies de palomas. La paloma callejera es la que está más emparentada con la paloma bravía. Las palomas forman parte de un grupo llamado Columbiformes. Por lo general, los nombres "paloma" y "tórtola" se utilizan indistintamente. Generalmente, a las especies más pequeñas se las llama tórtolas, mientras que a las más grandes se las llama palomas.

**Páginas 6–7**

**Las palomas bebés viven en un nido con sus padres.** Las palomas construyen nidos con ramitas y hojas. La hembra pone dos huevos. Ambos padres se turnan para empollar y dar calor a los huevos. Los huevos eclosionan entre los 14 y 19 días. Los bebés de paloma, llamados pichones, permanecen en el nido con sus padres por hasta 18 días. Ambos padres alimentan a sus pichones con leche del buche, que no es realmente una leche sino una sustancia rica en grasas que algunas aves producen en un órgano llamado buche.

**Páginas 8–9**

**Las palomas tienen alas fuertes.** Los fuertes músculos de sus alas representan más del 40 por ciento del peso corporal de las palomas. Las palomas pueden volar grandes distancias y alcanzar altas velocidades. Las palomas mensajeras han llegado a recorrer 92,5 millas (149 kilómetros) en una hora. Durante la Segunda Guerra Mundial, una paloma del ejército estadounidense recorrió 2.300 millas (3.700 kilómetros) para entregar un mensaje.

**Páginas 10–11**

**Las palomas siempre saben hacia dónde vuelan.** Son mundialmente famosas por su increíble sentido de la orientación. La paloma mensajera es un tipo de paloma criada para encontrar siempre su camino de regreso a casa, incluso a grandes distancias. Los científicos que estudian a estas aves creen que tienen como una especie de mapa y sistema de radar incorporado que les indica en qué dirección ir, incluso cuando están en un lugar nuevo.

**Páginas 12–13**

**Las palomas tienen un muy buen sentido del oído.** Pueden oír sonidos subsónicos. Estos sonidos tienen frecuencias tan bajas que el oído humano solo puede escucharlos con equipos especiales. Poder oír estos sonidos ayuda a las palomas a saber cuándo se aproximan las tormentas. Algunos científicos creen que su audición también las ayuda a navegar enfocándose en los sonidos de los océanos, incluso estando muy lejos de ellos.

**Páginas 14–15**

**Las palomas tienen muy buena visión.** Tienen los ojos a los costados de la cabeza, lo que les da una visión de casi 360 grados. Tienen solo un pequeño punto ciego justo detrás de la cabeza. Las palomas usan su excelente visión para detectar puntos de referencia en la tierra desde muy alto en el cielo. Ellas recuerdan esos puntos de referencia y los utilizan para encontrar el camino de regreso.

**Páginas 16–17**

**Las palomas encuentran su comida en el suelo.** La mayoría de las palomas comen semillas o granos. Caminan por todos lados buscando comida en el suelo. Picotean el suelo con su pico corto y filoso para recoger las semillas, granos y demás pedacitos de comida que encuentren. En las zonas tropicales del mundo, muchas palomas comen principalmente frutos. Estas palomas se posan en las ramas de los árboles para comer.

**Páginas 18–19**

**Las palomas hacen nidos en lo alto de los edificios.** Si bien las palomas de los bosques y muchas palomas tropicales anidan en los árboles o en el suelo, las palomas callejeras se han adaptado a la vida urbana. Estas palomas suelen anidar en los bordes de las ventanas más altas de los edificios y en las vigas que sostienen a los puentes. Muchas palomas callejeras anidan en los techos.

**Páginas 20–21**

**Si te encuentras con una paloma, no la alimentes.** Las palomas son uno de los animales más comunes de todas las ciudades del mundo. En general, no se consideran peligrosas, pero algunas personas creen que son una plaga. Dicen que no se debe alimentar a las palomas porque así se atraen más palomas. Algunas ciudades y pueblos incluso tienen leyes que prohíben alimentar a las palomas. Lo mejor es alejarse y observarlas sin interferir.

# ¡Visita www.av2books.com para disfrutar de tu libro interactivo de inglés y español!

## Check out www.av2books.com for your interactive English and Spanish ebook!

**1** **Entra en www.av2books.com**
Go to www.av2books.com

**2** **Ingresa tu código**
Enter book code

F 3 3 2 6 3 4

**3** **¡Alimenta tu imaginación en línea!**
Fuel your imagination online!

# www.av2books.com

Published by AV² by Weigl
350 5ᵗʰ Avenue, 59ᵗʰ Floor New York, NY 10118
Website: www.av2books.com    www.weigl.com

Library of Congress Control Number: 2014949699

ISBN 978-1-4896-2649-3 (hardcover)
ISBN 978-1-4896-2650-9 (single-user eBook)
ISBN 978-1-4896-2651-6 (multi-user eBook)

Printed in the United States of America in North Mankato, Minnesota
1 2 3 4 5 6 7 8 9 0   18 17 16 15 14

112014
WEP020914

Project Coordinator: Jared Siemens
Spanish Editor: Translation Cloud LLC
Designer: Mandy Christiansen

Weigl acknowledges Getty Images as the primary image supplier for this title.